LAS HORAS TERRIBLES

Siltolá Poesía | 110

Carlos G. Munté

LAS HORAS TERRIBLES

EDICIONES DE LA ISLA DE SILTOLÁ

SEVILLA 2026

© **Carlos G. Munté**

© de la fotografía del autor: Ivet Gasol Escuer

© 2026 : **Ediciones de La Isla de Siltolá**
Apartado de Correos 22.015
41018 – Sevilla (España)
www.laisladesiltola.es • *editorial@laisladesiltola.es*

Diseño de colección: La Isla de Siltolá
Impresión: Kadmos

ISBN: 978-84-19298-57-7 • DL: SE 3206-2025
BIC: DCF • THEMA: DCF

(Impreso en España)

Para Ivet y Ulises

Mi vida no es esa hora abrupta en la que me ves precipitado
RAINER MARIA RILKE

¡AGUANTA!

cuando la luz descansa
o parpadea,
me embosca la noche;
desaparece en la nada
mi flaca sombra
y maldita la sed que siempre
vuelve.

aguanta, pobre diablo,
las horas terribles.
aguanta hasta que
las calles despierten;
hasta que el amanecer,
vivo de luz, arda de nuevo
por última vez.

AHORA SOY...

Hombre que mira a otro hombre
MARIO BENEDETTI

ahora soy ese hombre
que mira a otro hombre que fuma,
hombre que mira a otros hombres que beben.
ahora soy ese que no está, que tan sólo mira.
miro a hombres que miran a otros hombres;
la doble distancia del que aún sabiéndose cerca
no puede volver.
      ahora soy ese hombre
que mira a otro hombre que vive, que sueña;
miro las huellas que dejan los demás
sobre la luz.
      ahora soy ese hombre
que mira a otro hombre en el espejo
y no ve nada.

CADENA PERPETUA

nombrar a un hijo
es abrigarlo y desnudarlo
al mismo tiempo;
es regalarle la palabra
pero condenarlo también
al lenguaje.

THE WORLD IS (NOT) YOURS

desde aquí
en lo más alto del Carmelo
con esos aires de grandeza
que otorga siempre la altura
bien podría parecer
pues la pupila lo abarca
que todo me pertenece:
las playas del Maresme
y el Montseny,
y agostadas las calles vacías
hasta este trozo de terraza
que a duras penas me sostiene
a mí con mis sueños
pero no
nada de esto me es propio
si acaso la sombra que me acompaña
y nada más
mío como mucho
es el poder escupir desde aquí arriba
a todo lo que no tengo
y sonreír.

EPICENTROS

en el centro del vacío hay otra fiesta
ROBERTO JUARROZ

hay un agujero
en el centro geográfico
de mis entrañas
como lo hay también
en el centro (in)justo
del poema;
la misma mancha
sortea ahora las fronteras
del verso
y silenciosa conquista
la albura del folio;
hay un vacío
en el centro del poema;
hay un poema en el centro
de todo este dolor.

SI TU CORAZÓN FUERA UN BAR...

si tu corazón fuera un bar
lo tendría todo claro;
haría como he hecho siempre
eso de esperar agazapado
sin llamar demasiado la atención
en el rincón más sombrío
del lugar.
    porque el amor en un bar
es algo que sucede lentamente
día a día;
    haciendo lo de siempre
diciendo lo de siempre
esperando lo de siempre
que es más bien poco
por eso,
si tu corazón fuera un bar
y aunque yo saliera ganando,
todo estaría perdido.

MEMORIA

pierdes
se te escapan
tus mejores momentos
nada encuentras ya en
el cajón de la memoria
pero tranquilo
        me digo
así mejor
así el impuesto
así tampoco hallarás
                    nunca
los más terribles.

CAMINOS DEL DESEO

buscamos el atajo a lo conocido;
rompemos leyes no escritas para demoler
las barreras urbanísticas de jardines
meticulosamente estudiados.
arrastramos como poseídos
nuestros cuerpos
entre espinas y frutos prohibidos
                    —o podridos—
hasta al extremo opuesto
del arraigo y el convencimiento,
de la tradición y la espera;

el deseo es (será siempre)
la zarza que arde
                  y nos hará creer.

DOS VELADAS EN UNA

en este juego de miradas
y palabras mudas,
            bajo la mesa,
nuestros pies acariciándose
son notas a pie de página.

HAY DÍAS...

hay días
en los que uno escribe un poema
y otros en los que no.
a veces son malos y a veces no tanto.
de corrido he logrado escribir algunos mediocres
aunque pocas han sido las veces
y muy de tanto en tanto, además con algo de suerte,
aparece alguno bueno —o casi bueno—
de esos que le sacan a uno esa estúpida sonrisita
de conquista (de lo inútil)
y le apaciguan el fuego interno durante unas horas,
o incluso días si cabe.
y de todo esto, lo único que puedo sacar en claro
es que no tengo ni la más mínima puta idea
de lo que estoy haciendo;
pero así ya me está bien.

LLUEVE EN LA CALLE

en la calle está lloviendo
dentro de las casas no
salvo en la casa del poeta:
en esa llueve siempre.

HOY, NADIE

alguien no llamó a la puerta
ISABEL BONO

hoy serán todas mis preguntas
cerillas sin cabeza;
rozando en vano noches cimerianas
buscarán centellas
que apaguen cualquier duda:

por qué no me recitó alguien
esta mañana el verso cotidiano del amor
por qué no se llevó consigo este poema
tan terrible que, temblorosa, mi mano invoca
hoy alguien no llamó al interfono
no golpeó mi puerta, ¿por qué
alguien encendió hoy
ninguna luz?

THE DARKSIDE OF THE MOON

iluminado por la gracia de tu luz llegaron las alabanzas; ese ser ejemplar en el que me has convertido ocupa ahora un lugar que no le corresponde. alejado de focos y aplausos, mientras, el lado oscuro de mi luna aguarda impaciente la huella solitaria de un astronauta desorientado u otra triste canción de amor.

SER

siempre procuré beber mucho
y pensar poco
ningún médico, amigo o familiar
me lo recetó nunca, claro,
pero ¿qué sabrán ellos de mitigar
la poesía que lleva uno dentro?
de no dormir de no soñar
nada conocen del fuego que arde
desbocado de la garganta al colon
y del colon a la lengua muerta.
¿qué sabrán ellos de la amargura
del oficio no ejercido?
de saberse algo o alguien
y no ser capaz de descifrarlo.

también traté de amar
por encima de mis posibilidades,
distraer así el dolor
eso me llevó a leer más labios que libros
beber más vino que agua
a travestir mis llantos con carcajadas
a sentir la soledad dentro
de cualquier otra persona;

como un migrante que trepa la valla
pero sigue siempre
en el mismo lugar
como un suicida que salta
pero nunca
cae

para sobrevivir a esta vida maldita
para mitigar todo su dolor
nunca
     nunca
          nunca
un médico, amigo o familiar
me recomendó la bebida o el amor
pero ¿qué sabrán ellos
si nunca fueron
yo?

UN CHISTE

tres viejos cedros se desternillan de risa;
dos jóvenes apasionados se juran amor eterno
bajo su gran sombra milenaria.

PESAJE

como quien pisa desnudo un bosque en llamas,
sujetar a un recién nacido;
sentir la tierra exigiéndolo en silencio
con fiereza, asirlo buscando su altura, su vuelo,
disimular el flaqueo de las muñecas, los tobillos,
las rodillas, la memoria...
    y sentir el peso de una vida
        y sentir el peso del miedo a la muerte.

EL SANTO GRIAL

mi abuela tenía un perro, era un
west highland white terrier y se llamaba Scotty.
murió por primera vez a los nueve años, allá por 1974.
desde entonces, le han sucedido otros cuatro o cinco
                                        [Scottys,
todos ellos de la misma raza, color y tamaño.
cuando mi abuela murió, Scotty no lo hizo;
me pregunto cuándo la inmortalidad llamará
de nuevo a nuestra puerta para cobrarse el pago
o cancelarnos la suscripción.

NO SER

no ser fulgor
en la oscuridad
faro en las tinieblas
ser, en cambio,
un relámpago
que en dos parte
el cielo

a plena luz del día.

VII

We accept her, we accept her. One of us, one of us
TOD BROWNING'S FREAKS

hay de nuevo violencia
en nuestras miradas;
el frenesí
de la incertidumbre
nos acompaña

hoy sudaremos
juntos
lamentos de un futuro
perdido, olvidaremos con la sed
lo que nunca tuvimos.

en tierra de nadie y bajo la luz
de lunáticas
farolas
otra noche más
          el dolor será
uno de los nuestros.

RUIDO

retumba
la ausencia
en todas
las esquinas
de esta celda
que es la vida
todo desaparece
funde a negro
todo permanece
falta el aire
todo es silencio
menos cuando
callas.

TODO ESTO ES MÍO

son la 5:45 de la mañana
en una gasolinera de carretera
el día asoma lentamente entre las montañas.
con un cigarrillo encendido en los labios
—encendido porque todo esto es mío—
y con el aroma a benceno envolviendo el ambiente,
lleno el depósito con la mirada perdida en
esa explosión lejana y pienso —no, no pienso,
simplemente sé— que esto es solamente un poema,
pero qué poema.

LOS CUATRO TUERTOS DE HOLLYWOOD
(ERAN SEIS)

Ford, Lang, Walsh, Fuller, De Toth, Ray

observa con curiosidad
y la vida te picará los ojos,
vaciará tus cuencas entrometidas.
una mirada atenta es pura insumisión
y la realidad siempre boicotea
a la ficción; cuervos, cataratas,
matas puntiagudas o una carretera
terriblemente sinuosa;
se ceba la existencia sólo con aquellos
que ven más allá del parámetro,
el formato, la regla.
pero tranquilo:
de cuando en cuando,
los ojos tuertos se reúnen;
su cine es venganza (y verdad);
la vida,
cegada de tanta realidad,
tiembla de nuevo.

MI PEOR ENEMIGO

la vida, a diario,
nos empuja o arrastra;
por más que nos empeñemos
en lo contrario, siempre acaba
por ponerlo a uno en su lugar:
postrados frente a un espejo,
enfrentándonos con nuestro
peor enemigo; perdiendo
contra nosotros mismos.

LIBROS

I

siempre silenciosa la conversación
que mantienen los libros con nosotros.

II

cerrar un libro sólo cuando la vida
nos esté llamando.

III

abrir un libro y desconocerse en privado.

IV

doblo la página,
la vida no puedo.

HARAKIRI

vivo en la última calle de una gran urbe
entre las luces inquietas de la ciudad
y la sabia inamovilidad de una montaña;
se podría decir sin tanto circunloquio,
que vivo entre la espada y la pared.
como todos,
siempre.

ESTO NO ES UN POEMA

en mi desesperación, observo ensimismado desde
el alféizar un cielo enmarcado por viejos edificios;
me digo que la inspiración es esto que está
pasando y juntando a desgana pobres palabras que
no se dejan, saco adelante este poema que no dice
mucho —o más bien nada— sobre una gaviota
invisible que atraviesa un poema que no existe.

MIÉRCOLES

la mano temblorosa
que no escribe,
la lengua adormecida que ya no
dice nada y la vista
aunque joven cansada;
la cama vacía y la lluvia,
ahí afuera, pegando de lado.
y entre tanto infierno
disfrazado de miércoles,
tu cuerpo desnudo
saliendo de la ducha;
agujerea un rayo de luz
las negras nubes que encapotan
el cielo y con delicadeza
te viste de sol.
relamo en mi hocico
las ganas de ti
y la mano se templa,
y la lengua se revuelve
y la vista se aclara;
un poema se deja entrever;
a veces, la vida, parece ponerse
de nuestro lado.

AQUÍ, RELLENANDO

y aquí me hallo
viviendo el doble
rellenando los jirones
de noches pasadas
—lagunas demenciales—
de vidas que no tuve;
habitando el pasado
saciando el presente
haciendo de la memoria
un bien artificial.

VOLVER A VER

me cuelo en ti
curioso
me introduzco cauto
entro al fin
con las manos
escarbo
hondo
doy forma
al agujero
que me arropa
en ti.
        subo entonces
allá donde penetra la luz
busco tu mirada
quiero ver lo que tu ves
yo también quiero
hijo mío
una habitación
con vistas.

SI NO HAS DE DORMIR CON MIS OJOS...

Que has de dormir amb els meus ulls?
Maria Magriñà Muntanyola

si no has de dormir con mis ojos
lamer la noche con mi lengua
si no has de escuchar el estertor final
con ninguno de mis oídos
ni mucho menos acariciar
con la yema de mis dedos
tus propias heridas
por qué,
dime,
      ¿por qué entonces
has de morir con mi corazón
en tu puño?

QUÉ MÁS DA...

llenar el vaso o el vacío,
qué más da; plácida es la sed
del autoengaño
     en todas sus formas.

LA NOCHE MÁS LARGA

ahora que día y noche
tienen la misma ausencia de luz,
hay algo en las horas que o te destruye
o te contagia;
      nada hay que encienda más la vida
que sobreponerse a la oscuridad,
nada que la corrompa tanto como rehuir
su claridad.

LAS AFUERAS

la juventud
dice piensa
que la vida
es una bomba
atómica
de intenciones
que todo ocurre
siempre
en el centro
pero no
la vida no es
siempre eso
la vida
a veces
es otra cosa
es más bien
la calma
el silencio
que sucede
al tambalearnos
por los bordes laberínticos
de la realidad
habitando la periferia

transitando los márgenes
la vida no es la explosión
núcleo que arde
desbocado
sino la honda expansiva
que todo lo impele
siempre
hacia las afueras.

RETORNO

el cielo abierto como falacia,
la curvatura de nuestras vértebras
como única verdad;
       donde la mirada,
la huella de nuestra inexistencia;
morder el polvo
       manchar la tierra
cerrar la herida.

DEFECTOS

estúpida la raza humana
enamorada del tiempo
cuando el tiempo mata.

CON LOS OJOS BIEN ABIERTOS...

con los ojos bien abiertos
busco tu nombre en la oscuridad.
nada palpan mis manos desnudas
no hay guía en todo este vacío.

    ¿dónde reside, entonces,
la dulce amenaza de hallarte
por casualidad?

en este laberinto de invisibles paredes
que es la noche,
    eterna es la sed
y eterna la ausencia
de (tu) luz.

TODO PRENDE EN LLAMAS

tu parpadeo,
ese aplauso ocular,
aviva el incendio
que alberga mi mirada;
no habrá llanto capaz de
apaciguar el fuego
ni tormenta que
pueda extinguirlo;
soy el primer fogonazo
de cualquier incendio
soy el ojo
de todo huracán.

UNA LUZ INFINITA

como ese retrovisor que avanza
sin perder de vista lo vivido
todavía en mi mente
el recuerdo de las noches
más largas:
entonces las copas rebosantes
emanaban luces infinitas,
aguardábamos
con bailes desmedidos y
canciones de pirata
las horas terribles.
todavía en mi mente,
como una grieta que avanza
lentamente,
el recuerdo de la luz
cabalgando nuestras gargantas,
el dulce sabor de la victoria efímera,
el voraz destello del último trago;
otro de tantos.

LAST MAN STANDING

generación de un solo hombre, mi generación;
sin intención alguna de cambiar el mundo,
sin intención alguna de que este me cambie.

TEMPUS FUGIT

no te equivoques, querida,
no has de menospreciar
ese tiempo diminuto
que disimuladamente
se nos escapa por entre
las manos
lento
indefenso
insignificante
ese que corretea libre
entre las pequeñas rutinas
del vivir
es el mismo que pronto
convertirá en polvo
a catedrales
                y jardines.

THE FRIENDLY GHOST

entre dos agujeros negros,
la fría estación:
como de costumbre,
mi fantasma y yo
aguardamos juntos
el tren de las nueve y diez;
mientras uno espera cogerlo,
el otro espera que este
le coja a él.

SEÑALES

te llamo, amor,
para romper este silencio
que todo lo interrumpe;
ni leer tranquilo puedo
con este vacío encima.
abatido, te llamo
para acortar distancias,
quiero besarte con la voz
pero comunicas, como no,
y el mutismo se expande
y te llamo pero comunicas
y la ausencia y la distancia
y te llamo, pero comunicas:
ven, ven, ven, ven,
parece decirme la señal,
no seas cobarde,
ven, ven, ven, ven y bésame
pero con todo.

MUCHO PEOR

no os preocupéis
por mí
no deseo la muerte
(nunca lo hice)
preocupaos
    en todo caso
porque tampoco
deseo la vida.

MARLBORO

mis manos temblorosas buscan de nuevo
ese fulgor cotidiano que no volverá;
son casi cuatro años ya sin vernos y mis labios,
ausentes de calor, se estremecen en el recuerdo.
¿de verdad se apagaron las ganas o fue la vida
luchando por sobrevivir? quizás fue simplemente
otra mala moda o el amor apretando por los que vendrán…
el mechero quebrado, las cerillas blandas y humedecidas,
el aliento puro, virginal, y el café de todas
las mañanas llorando tu ausencia son los restos del naufragio;
nostalgias de un paraíso perdido.

SIN TÍTULO

cansado de la certeza
agotado del saber
del tener claro
del avanzar siempre en línea recta
abanderado de la duda
del no conocer
del no querer entender;
esperar, sólo esperar
y conquistar así también
la incertidumbre.

LAS HORAS

las horas corrientes
vienen y van
no como las más terribles
que siempre quedan;
sus minutos en tensión
son desiertos de gélida arenisca
y sus sempiternos segundos
cuchillas en la noche.
pero como en toda hora
—terrible o no—
hay una pausa que todo
lo quiebra;
la sed resuelta deforma los plazos
y saciados
olvidamos y amamos por igual
el tiempo de cada uno.

AQUÍ, AHORA...

aquí, ahora, trato de no moverme;
quisiera dejar las cosas quietas donde están
que aquello que más estimo no se deslice lentamente
hacia el pasado.

Ni sé tampoco en tan terribles horas
en qué pensaba o que pasó por mí;
solo recuerdo que lloré y maldije,
y que en aquella noche envejecí.
GUSTAVO ADOLFO BÉCQUER

ÍNDICE

Este número 110
de *Siltolá Poesía*
se terminó de imprimir
en el mes de enero de 2026

Colección SILTOLÁ POESÍA

Otros títulos publicados en esta colección

Antonio García Barbeito
Athene Noctua (2022).

Julián Cañizares Mata
Setenta saludos (2022).

Carlos Asensio
Astroblema (2022).

Jannet Weeber Brunal
Paisaje suspendido (2022).

Antonio Orihuela
Diles que dije no (2022).

Laura Ramos
La verdad es que estoy sola y que estoy ardiendo (2022).

Miguel Veyrat
La ora azul (2023).

Óscar Díaz
La exacta fantasía (2023).

Eduardo Hilpert
Cardo, decumano (2023).

José Manuel
Camacho Vázquez
El huerto (2023).

Andrés Ortiz Tafur
Traigo noche en los zapatos (2023).

Álvaro Petit Zarzalejos
Lograr el amor es alcanzar a los muertos (2023).

Elena Felíu Arquiola
Otro amor (2023).

Santos Domínguez
Cuaderno de Italia (2023).

Javier Gato
Conversión de la estatua de sal (2023).

Sesi García
Ciudad perdida por otra ciudad (2023).

Julio Mariscal Montes
Cien poemas (2024).

Marc J. Mellado
Esta combustión inalienable (2024).

Pedro Luis Casanova
Azar ileso (2024).

Margarita Leoz
Caer (2024).

Juan Ángel Asensio
Breve tratado sobre la profundidad de los cuerpos (2024).

Luis Alemañ
El número que ha marcado no existe (2024).

Julián Cañizares Mata
Poemas para no leer en un instituto (2024).

Yannis Antioju
Este, el cielo subterráneo (2024).

Alberto Fadón
Príncipes y principios (2025).